RUBEM ALVES

O DECRETO da ALEGRIA

ilustrações Veridiana Scarpelli

1ª edição

FTD

São Paulo - 2016

FTD

EDITORA FTD S.A.
Matriz: Rua Rui Barbosa, 156 - Bela Vista - São Paulo - SP
CEP 01326-010 - Tel. (0-XX-11) 3598-6000
Caixa Postal 65149 - CEP da Caixa Postal 01390-970
Internet: www.ftd.com.br
E-mail: central.relacionamento@ftd.com.br
Central de atendimento: 0800 772 2300

Diretora editorial	Ceciliany Alves
Gerente editorial	Isabel Lopes Coelho
Editora	Débora Lima
Editora assistente	Agueda del Pozo
Preparadora	Elvira Rocha
Revisora	Bruna Perrella Brito
Projeto gráfico e diagramação	Tereza Bettinardi
Editoração eletrônica	Paulo Minuzzo
Diretor de operações e produção gráfica	Reginaldo Soares Damasceno

RUBEM ALVES (1933-2014) foi teólogo, educador e escritor, seminarista, mestre e doutor em Filosofia. Autor de livros de educação, teologia, crônicas e histórias infantis. Em 2009, recebeu o Prêmio Jabuti na categoria Contos e Crônicas.

Dados Internacionais de Catalogação na Publicação (CIP)
(Câmara Brasileira do Livro, SP, Brasil)

Alves, Rubem, 1933-2014.
O Decreto da Alegria / Rubem Alves ; ilustrações Veridiana Scarpelli. - 1. ed. - São Paulo : FTD, 2016.

ISBN 978-85-96-00402-2

1. Contos - Literatura infantojuvenil
I. Scarpelli, Veridiana. II. Título.

16-03014 CDD-028.5

Índices para catálogo sistemático:
1. Contos : Literatura infantil 028.5
2. Contos : Literatura infantojuvenil 028.5

Este livro foi publicado anteriormente pela Editora Paulus (2004).

ERA UMA VEZ um rei de coração muito bom e de cabeça muito tola. O seu coração era bom porque o que ele mais desejava era que todos os que moravam no seu reino, crianças, homens, mulheres e velhos, vivessem sempre alegres.

E a sua cabeça era tola porque acreditava que ele, rei, tinha o poder de fazer realizar os desejos do coração por meio de decretos.

Assim, para que todos os seus súditos vivessem alegres, sua cabeça tola baixou o seguinte decreto:

"Artigo primeiro: Fica decretado que todas as pessoas do meu reino sejam alegres.

Artigo segundo: Fica decretado que todas as tristezas são proibidas."

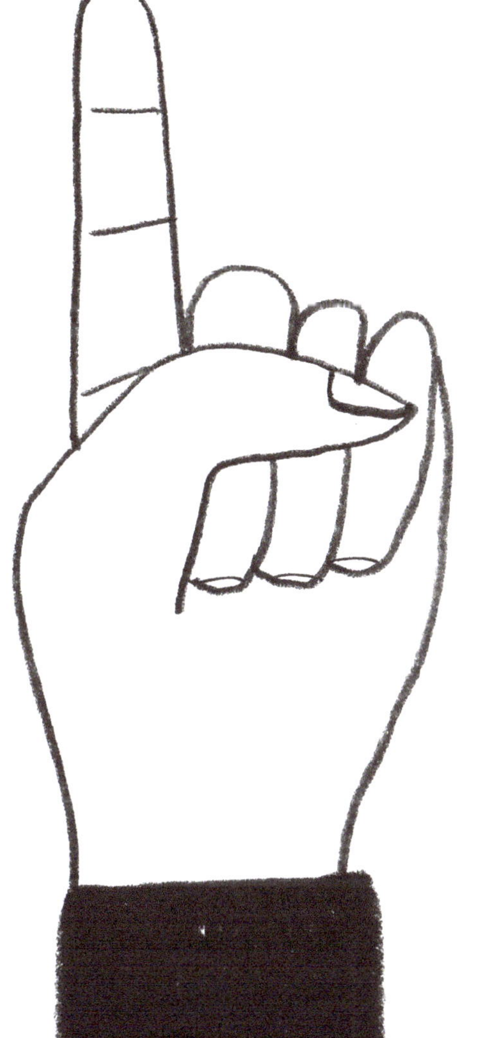

Qualquer decreto, para funcionar, precisa ser regulamentado. Os regulamentos de um artigo explicam como o artigo deve ser obedecido. Assim, o rei chamou os seus ministros e lhes ordenou: “Regulamentem o Decreto da Alegria”.

Os ministros se apressaram a obedecer às ordens do rei. E pensaram: “Se todas as tristezas são proibidas, a primeira coisa a fazer é dar nome a todas as coisas que produzem tristeza”. Puseram-se, então, a fazer uma lista das coisas que produzem tristeza a serem proibidas.

Um dos ministros lembrou que há muitas músicas que fazem o coração ficar triste. Aí um outro ministro comentou com o outro, baixinho: “Não é estranho que as pessoas gostem de ouvir músicas que dão tristeza? Eu mesmo”, ele acrescentou mais baixinho ainda, por medo de ser ouvido, “choro todas as vezes que ouço a ‘Valsinha’, do Chico. Eu gosto da tristeza da ‘Valsinha’, razão por que eu não me canso de ouvi-la...”.

Um dos ministros observou então que também os pores do sol produziam tristeza, bem como os sabiás, cantando no fim das tardes. Determinou-se, então, que além da proibição das obras de arte supracitadas, também os pores do sol seriam proibidos, bem como os sabiás e o seu canto.

"Mas e os velórios?", perguntou um dos ministros. "Não é possível proibir que as pessoas morram. E nos velórios há sempre choradeira..." Foi quando um deles, versado em Literatura, lembrou que Guimarães Rosa, conhecedor dos costumes do sertão, disse que no sertão até velório é festa. Concluíram, então, que a própria tradição cultural do povo aprovava a transformação dos velórios tristes em velórios de alegria. Assim, foram proibidos velórios com carpideiras, choros e lamentações. Os velórios seriam transformados em alegres reuniões de amigos nas quais se comeriam doces e salgadinhos e se "beberia o morto". Nada melhor para espantar a tristeza e produzir alegria que uns golinhos de cachaça...

"Terminamos a lista das coisas que dão tristeza", disse o ministro que presidia a reunião. "Temos, agora, de fazer a lista das coisas que dão alegria. Se as coisas que dão tristeza são proibidas, as coisas que dão alegria serão obrigatórias. No Reino da Alegria, a alegria será obrigatória. Quem não estiver alegre estará quebrando o decreto do rei. E quem quebrar o decreto terá de ser punido."

Um dos ministros se assustou: "Mas, excelência, punições trazem tristeza. E a tristeza está proibida...". O presidente não se perturbou, pois já havia pensado numa solução. "Quando Vossa Excelência vem com o milho, eu já estou indo com o fubá", observou desdenhoso. "Serão punições especiais, punições que provocam riso. Os tristes serão submetidos a sessões contínuas de cócegas e piadas, sessões que só terminarão quando as lágrimas e caras tristes forem substituídas por risos e gargalhadas."

Começaram, então, a fazer a lista das coisas que dão alegria e que seriam obrigatórias. Festas. Nas festas é obrigatório estar alegre. Nas festas, ai daqueles que estão com cara triste... Churrascos com cerveja, comilanças, banquetes... Bebidas alegram o corpo e a alma: aperitivos, caipirinhas, caipiroskas, cerveja, vinhos, gim-tônica, uísque e, de forma especial, os champanhes que se abrem com estouro, espuma e risos... Danças sim, mas só as rápidas e acrobáticas. Dança lenta com rosto colado produz melancolia... Terá de haver som, preferencialmente trios elétricos, pelo seu volume. O volume do som dos trios elétricos não deixa lugar algum para vida interior, que é o lugar onde mora a tristeza. Nada de conversas sérias. Em seu lugar, piadas. Desde pequenas, as crianças serão educadas na arte de contar piadas e de rir das piadas. Também o hino nacional do Reino da Alegria foi alterado para atender ao decreto do rei e ficou parecido com as músicas dos Mamonas Assassinas, que faziam todos rir... Terminado o hino, em vez de aplausos, todos deveriam dar risadas. Filmes cômicos, especialmente os pastelões. Fogos de artifício. Serpentinas. Confetes. E presentes. Nada existe que dê mais alegria que presentes.

E assim o decreto foi publicado e regulamentado.

Quando as tristezas ficaram sabendo do decreto do rei, elas ficaram muito mais tristes do que já eram. E, sentindo que não eram amadas naquele país, trataram de se mudar para outros países onde as pessoas eram amigas das tristezas. E foi assim que, durante a noite, quando todos estavam dormindo, as tristezas silenciosamente e chorando se foram à procura de um lugar onde pudessem morar e fazer amigos...

Morava naquele país uma menininha que tinha algumas tristezas que lhe eram muito queridas. Uma delas era a memória de uma cadelinha alegre, companheira de brincadeiras, que havia morrido. Quando a menina se lembrava da cadelinha, ficava triste e chegava mesmo a chorar. Mas não queria se esquecer dela. Ela amava a sua cachorrinha e o amor não troca a tristeza da memória de uma cadelinha que morreu pela alegria de não mais se lembrar dela. Uma outra tristeza querida acontecia quando ia dormir e a sua mãe lhe cantarolava uma música, a "Berceuse" de Brahms. Ouvindo sua mãe cantar, ela ficava com uma tristezinha mansa e adormecia. Ficava triste também quando via os cabelos brancos do seu pai e pensava que ele estava envelhecendo e que chegaria o dia em que ele morreria. Não queria abandonar essa tristeza, pois era ela que a enchia de ternura pelo seu pai a quem tanto amava. Mas agora suas tristezas amigas haviam se mudado e ela estava sozinha e sendo obrigada a estar alegre mesmo quando não queria.

Pois a menina resolveu procurar suas tristezas. Encheu uma mochila com roupa e comida e de noite, quando seus pais dormiam, saiu de casa e foi à procura das tristezas... para poder ficar alegre de novo.

A menina andou que andou, à procura das tristezas que lhe davam alegria. Deixou o Reino da Alegria para trás. Depois de muito andar, a estrada asfaltada transformou-se num caminho de terra estreito, que serpenteava por matas, campos e ribeirinhos... A noite já estava se anunciando, e ela ficou com medo. Olhou para o horizonte, e lá estava o sol vermelho, colorindo as nuvens. Ela pensou: "Como o pôr do sol é triste e bonito! A natureza toda fica tão quietinha! Parece que está rezando...". Ela pensou que, no Reino da Alegria, as tardes deveriam estar tristes, porque o pôr do sol fora proibido. Sem a tranquilidade do pôr do sol, as pessoas não se curam da agitação do dia... Nesse momento ela ouviu um sabiá que cantava na mata. Canto solitário. Os sabiás são sempre solitários.

A beleza não convive bem com a confusão, falatório e barulho das festas. Aí ela percebeu: "O mundo está tão bonito, tão calmo! Devo estar chegando ao lugar para onde as tristezas fugiram...". O silêncio era grande. Ouvia-se o barulho das folhas das árvores, sacudidas pelos ventos. O gargarejo de um riachinho. A sinfonia dos grilos e dos sapos. Os pios das aves noturnas. É preciso silêncio para ouvir a música da natureza. Sobre os campos, milhares de vaga-lumes piscavam suas luzes. E ela se perguntou: "O que terá acontecido para que os vaga-lumes estejam assim tão luminosos?".

No céu, bem acima do horizonte, uma grande estrela, enorme, azul. A Menininha ficou fascinada pela estrela. Tinha a impressão de que ela falava. Lembrou-se de um poema que lera na escola em que o poeta falava sobre "ouvir estrelas"... "É, os poetas ouvem coisas que os outros não ouvem..." Nunca havia visto uma estrela assim tão grande. Na cidade havia tantos prédios, tanta fumaça e tanta agitação, que não era possível ver as estrelas. Ela não se lembrou de jamais, na cidade, ela e seus pais terem parado para ver os céus estrelados. Mas, na terra onde moram as tristezas mansas, as estrelas aparecem sempre assim: enormes, lindas, azuis, falantes... Ela sentiu um desejo irresistível de caminhar na direção da estrela.

Passou por uma coruja que piava numa cerca, atravessou uma pinguela, parou para deixar atravessar à sua frente um gambá fedido que procurava comida. No meio do caminho tinha uma porteira, tinha uma porteira no meio do caminho tinha uma porteira no meio do caminho tinha uma porteira... Gemeu a porteira ao ser aberta e fechou-se com um ruído surdo ao bater no batente. Havia uma pequena luz na escuridão, luz de lâmpada de óleo e pavio. Era um estábulo com vacas, jumentos, bezerros, ovelhas e carneiros. E, coisa estranha: havia um nenezinho recém-nascido deitado num cocho e coberto com palhas. Olhando para o nenezinho, ela sentiu uma mistura de ternura e tristeza. Toda criancinha adormecida provoca ternura. Talvez por serem tão indefesas e precisarem de quem as proteja. E toda criancinha adormecida provoca tristeza. Talvez por ser a infância um tempo que logo se acaba...

Foi então que ela ouviu: "Psiu, Menininha!". Era uma voz muito conhecida. A voz repetiu: "Sou eu, a memória da cachorrinha. Estamos todas aqui, eu, a 'Berceuse' de Brahms, a tristeza que vem quando você vê que seu pai envelhece, e todas as outras tristezas bonitas que foram proibidas pelo decreto do rei tolo. Esse lugar acolhe todas as tristezas e as transforma em beleza. Todas as tristezas que vieram para cá ficaram bonitas...". A Menininha abraçou suas tristezas mansas e começou a rir de felicidade. Que lugar feliz aquele, onde ela não tinha precisão de estar alegre!

Ouvindo o riso da Menininha, o nenezinho acordou e começou a rir também. As tristezas não se fizeram de rogadas. Pularam dentro do cocho e começaram a brincar com o menininho, que ria sem parar com as cócegas que as tristezas lhe faziam. Nesse momento um pastor começou a tocar sua flauta doce, ao longe. Era uma música triste e tranquilizante. A "Berceuse" lhe segredou: "Essa música até que se parece comigo. É triste como eu e dá mansidão ao coração". Umas crianças começaram a cantar, à volta do pastor. O silêncio era tão grande, que se podia ouvir o que elas cantavam ao longe. Algumas tristezas chegaram a pensar que se tratasse de um coro de anjos. E a canção que elas cantavam dizia: "Noite de paz, noite de amor...".

No Reino da Alegria era uma grande festa por toda a cidade. As ruas se enchiam de fantasiados mascarados com máscaras sorridentes. Tendo nas mãos seus cartões de crédito e cheques pré-datados, as pessoas enchiam as lojas para comprar presentes que mandavam embrulhar com papéis coloridos. O rei, que era muito gordo, fantasiou-se com uma roupa vermelha e saiu pelas ruas carregando um grande saco de onde tirava presentes que distribuía a todos. Comia-se, bebia-se, pulava-se, as serpentinas e os confetes coloriam o ar, todos gritavam e ninguém escutava por causa do som dos trios elétricos. Os fogos de artifício iluminavam o céu, e as suas cores eram tão fortes que não se podia ver a luz quieta das estrelas. E era difícil andar pelas ruas por causa das montanhas de papel que embrulhavam os presentes que nelas haviam sido jogados. Quanto riso, quanta alegria...

Foi quando, de repente, um mascarado vestido de negro tocou um apito e pediu silêncio. Desligaram o som, fez-se silêncio e ele disse:

"Quero ler uma poesia." Não se tratava de um poeta. Todos os poetas haviam deixado a cidade, junto com as tristezas. Como se sabe, os poetas só escrevem poesia quando estão sentindo um pouco de tristeza. Aí ele abriu um livro, deu uma gargalhada e leu o primeiro verso:

> "E agora, José?"

Os mascarados, achando que se tratava de uma piada, começaram a gargalhar no mesmo tom da gargalhada com que o mascarado negro iniciara a sua leitura. Aí ele continuou:

> "A festa acabou,
> a luz apagou,
> o povo sumiu,
> a noite esfriou,
> e agora, José?"

Todos pararam de rir. Ele continuou:

"o dia não veio,
o bonde não veio,
[...]
não veio a utopia,"
não veio a alegria,
"e tudo acabou
[...]
Com a chave na mão
quer abrir a porta,
não existe porta;
[...]
Sozinho no escuro
[...]
sem cavalo preto
que fuja a galope,
você marcha, José!
José, para onde?"

O Mascarado Negro terminou a sua leitura, calou-se, misturou-se com a multidão e desapareceu. Foi quando, repentinamente, começou-se a ouvir, por detrás das máscaras sorridentes, um soluçar manso que foi crescendo até se transformar num choro convulsivo que sacudiu a cidade inteira.

Naquele momento, cessados os fogos de artifício que iluminavam o céu, brilhou no horizonte uma estrela azul. Era um brilho bonito e triste. Foi então que perceberam a tolice do rei ao tornar obrigatória a alegria e ao tornar proibidas as tristezas. Porque a vida é feita de uma mistura de alegrias e de tristezas. Sem as tristezas, as alegrias são máscaras vazias, e, sem as alegrias, as tristezas são abismos escuros. É por isso que os olhos, lugar dos sorrisos, são regados por uma fonte de lágrimas. São as lágrimas que fazem florescer a alegria. "Aqueles que com lágrimas semeiam, com alegria ceifarão", assim disse o poeta sagrado.

E de repente, sem que ninguém desse ordem alguma, todos tiraram suas máscaras de riso e, com os rostos à mostra, molhados de lágrimas, começaram a caminhar, vagarosamente, na direção da estrela...

Glossário

***Berceuse*, de Brahms:** Johannes Brahms (1833-1897) foi um famoso compositor alemão. *Berceuse* é uma peça que ele compôs para piano, e, por sua suavidade, é associada a música de ninar.

Carpideira: pessoa que carpe, isto é, chora. Antigamente davam esse nome às mulheres que eram pagas para chorar nos velórios.

Decreto: decisão escrita e publicada por uma autoridade, como, por exemplo, um rei.

"José": poema de Carlos Drummond de Andrade (1902-1987), considerado um dos maiores poetas brasileiros. O verso "não veio a alegria" não faz parte do poema original.

Guimarães Rosa: João Guimarães Rosa (1908-1967) é considerado um dos maiores escritores brasileiros. Escreveu, entre outros, o livro de contos *Sagarana* (1946) e o romance *Grande Sertão: Veredas* (1956).

Mamonas Assassinas: foi uma banda brasileira que surgiu na década de 1990. Cantavam músicas divertidas misturando diferentes ritmos. Alcançaram grande sucesso nacional entre pessoas de várias idades.

Salmo 126: salmo é um poema religioso para ser cantado, dos judeus. O Salmo 126 é um dos poemas do Livro dos Salmos, que faz parte da Bíblia. Esse salmo é uma oração sobre um povo que, diante de seu sofrimento, clama por liberdade ao seu Deus, que o ouve e se torna presente.

Súdito: sujeito que deve obediência a um soberano, por exemplo, um rei.

Escrita da esperança

Os quatro livros desta coleção, assinada por Rubem Alves, são recheados de ternura, com histórias sobre temas presentes na infância. Na voz de animais ou humanos em um reino distante, personagens fascinantes surgem de par em par. Falam de leveza e seriedade; vida e morte; medo e coragem; alegria e tristeza. Ao poder das palavras, adicione ainda a liberdade imaginativa das ilustrações de Veridiana Scarpelli, viajando por paisagens poéticas.

Nas narrativas da coletânea, a conversa sobre o diferente pode levar a interrogações. Faz parte do jogo que cada leitora ou leitor descubra suas dúvidas. A vontade de questionar charadas sobre a existência aumenta depois que se entra em contato com as aventuras escritas por Alves. Conto ainda que *A libélula e a tartaruga*, *A montanha encantada dos gansos selvagens*, *A operação de Lili* e *O Decreto da Alegria* provocam prazer em descobrir coisas da vida.

Talvez por ter nascido em Boa Esperança (MG), Rubem Alves sempre defendeu a linguagem da esperança. Queria uma escrita capaz de comover o leitor e levá-lo a ver o mundo com os próprios olhos. Importante educador e filósofo, ele sabia que para atrair a atenção de meninas e meninos é preciso fazer uso inteligente da fantasia, do jogo e também do afeto. Até morrer, em 2014, aos 81 anos, foi o que fez em grande número de obras destinadas à infância.

Os quatro livros desta coleção ampliam o imaginário do jovem leitor, inclusive o visual, e, com certeza, estimulam o prazer pelo conhecimento da língua portuguesa. Os textos apresentam riqueza de vocabulário e se caracterizam pela fluidez. Alves sabia que outra forma de cativar leitores é escrever à maneira de um relato oral, quando a voz do contador conquista o ouvinte. Sugiro, então: leia a coleção como se escutasse a voz de alguém amado. Deixe-se envolver pela beleza dessas histórias e divirta-se com esses personagens tão marcantes.

Em *A libélula e a tartaruga*, os dois animais conversam e cada um valoriza aspectos de sua personalidade e de seu corpo. A leveza do voo em contraposição ao peso da carapaça. O tom suave de um *versus* a voz grave do outro. Modos de viver opostos são apresentados em diálogo inteligente que se encerra com um desfecho inesperado. Delicadas ilustrações realçam as características dos personagens e potencializam as diferenças.

A montanha encantada dos gansos selvagens concentra-se em dois tipos de gansos: os domésticos e os selvagens. Há os que preferem a segurança de viver em cercadinhos e os amantes da liberdade de voar. Amoroso, papai ganso apresenta o mundo ao seu filho recém-nascido, Cheiro de Jasmim.

Mais tarde, ele descobrirá o contraponto entre juventude e velhice, que carrega em si seu par gêmeo - vida e morte. Feitos a lápis, os desenhos exercem fascínio pela leveza e aparente espontaneidade.

A operação de Lili narra a amizade entre a elefantinha e o sapo Gregório. A divertida brincadeira de esconde-esconde criada pelos dois provoca a necessidade de uma cirurgia em Lili. Cadê a coragem para enfrentar o perigo? Quem apresenta mais medo? Para resolver a questão, a trombuda e o dono de grandes olhos terão apoio de outros animais? Por meio de cortes e figuras sugestivas, os desenhos acompanham a excitação que toma conta de todos e colaboram para transformar o estresse em diversão.

O Decreto da Alegria propõe um jogo entre sentimentos opostos e aparentemente excludentes, a alegria e a tristeza. O Rei mandão resolve abolir a tristeza. O reino desorganiza-se. O absurdo da situação é ampliado com a introdução de um poema de Carlos Drummond de Andrade. As ilustrações sugerem o quanto o mundo seria imperfeito se somente um desses sentimentos existisse.

Quando você terminar de ler todos os livros, perceberá que o autor compôs um repertório de fábulas. Segundo a tradição, são narrativas estreladas por animais ou criaturas extraordinárias que recordam comportamentos humanos e, no final, trazem ensinamento útil. Diferentemente daquelas do passado, que entregavam a moral da história, as modernas indicam possibilidades, mostram alternativas. As escolhas serão sempre suas, leitoras e leitores, nas obras dessa que chamamos, carinhosamente, de coleção Fábulas de Rubem Alves.

GRAÇA RAMOS

Doutora em História da Arte e mestre em Literatura Brasileira. Autora de livros para adultos e crianças, é curadora da Bipa - Biblioteca Infantil de Parnaíba.

RUBEM ALVES

Rubem Alves (1933-2014) nasceu em Boa Esperança, Minas Gerais. Formou-se em Teologia pelo Seminário Presbiteriano do Sul, em Campinas, mestre e doutor em Filosofia (Ph.D.) pelo Seminário Teológico de Princeton (EUA). Foi teólogo, professor, psicanalista e escritor. Autor de livros de educação, teologia, crônicas e histórias infantis. Em 2009, recebeu o Prêmio Jabuti na categoria Contos e Crônicas.

VERIDIANA SCARPELLI

Nasci, moro e trabalho na cidade de São Paulo. Fiz faculdade de Arquitetura e Urbanismo na FAU-USP, já trabalhei com projeto de móveis e objetos e dei várias voltas até entender que meu lugar estava na ilustração. Isso foi em 2007. Desde então, venho trilhando um caminho que começou com ilustrações em revistas. Depois, em jornais: *O Estado de S. Paulo* e *Folha de S.Paulo*. Em 2012, lancei *O sonho de Vitório*, meu primeiro livro como autora. A partir daí, comecei a me aproximar gradativamente deste mundo que tanto me encanta: a ilustração de livros.

Para a coleção Fábulas de Rubem Alves, fiz as ilustrações mesclando desenho no papel (lápis grafite 6B) com elementos desenhados diretamente no computador. A escolha da paleta de cores foi muito feliz e o resultado das ilustrações conseguiu combinar bem os elementos figurativos - presentes no texto e na linguagem do meu desenho - com a poética tão pertinente e necessária nos livros para o público infantil.

FÁBULAS DE RUBEM ALVES

- A operação de Lili
- A libélula e a tartaruga
- A montanha encantada dos gansos selvagens
- O Decreto da Alegria

www.ingramcontent.com/pod-product-compliance
Ingram Content Group UK Ltd.
Pitfield, Milton Keynes, MK11 3LW, UK
UKHW062007290726
14090UKWH00022B/1436